LES « SALVETATS »

AU MOYEN AGE

PAR

M. L'ABBÉ F. GALABERT

CURÉ D'AUCAMVILLE (TARN-ET-GARONNE)

Extrait de *LA RÉFORME SOCIALE*

(1er OCTOBRE 1903)

PARIS

AU SECRÉTARIAT DE LA SOCIÉTÉ D'ÉCONOMIE SOCIALE

54, RUE DE SEINE, PARIS (VIᵉ)

—

1903

SOCIÉTÉ INTERNATIONALE D'ÉCONOMIE SOCIALE

La Société, fondée par Le Play, s'est constituée le 27 novembre 1856, pour remplir le vœu exprimé par l'Académie des sciences, en couronnant l'ouvrage intitulé les *Ouvriers européens*. Elle applique à l'étude comparée des diverses constitutions sociales la méthode d'observation, dite des monographies des familles. Elle reproduit les monographies les plus remarquables dans le recueil intitulé les *Ouvriers des deux mondes*, et publie le compte rendu *in extenso* de ses séances dans la *Réforme sociale, bulletin de la Société d'économie sociale et des Unions*.

La *Société d'Economie sociale* se compose de *Membres honoraires* versant une cotisation de 100 francs par an, au minimum, et de *Membres titulaires* payant 25 francs. L'un et l'autre de ces deux prix donnent droit à recevoir la *Réforme sociale*, qui est adressée à tous les Membres deux fois par mois, le 1er et le 16 ; et les *Ouvriers des deux mondes* qui paraissent par fascicules trimestriels.

De 1865 à 1885 le *Bulletin* des séances forme 9 vol. in-8° avec tables méthodiques. La collection complète (rare) : 68 francs. — Depuis 1886, le *Bulletin* est remplacé par la *Réforme sociale*.

LES UNIONS DE LA PAIX SOCIALE

Les *Unions* ont pour but de propager et de mettre en pratique les doctrines de l'*Ecole de la paix sociale*. Elle sont réparties par petits groupes en France et à l'étranger. Leur action s'exerce par l'intermédiaire de CORRESPONDANTS locaux.

Les membres sont invités à transmettre au secrétariat général les faits qu'ils ont pu observer autour d'eux, ou les renseignements qui sont parvenus à leur connaissance. Ces communications sont, suivant leur importance, mentionnées ou reproduites dans la *Réforme sociale*.

Les *Unions* se composent de membres *associés* et de membres *titulaires*. Les membres *associés* versent une cotisation annuelle de 15 francs (France et étranger) qui leur donne droit à recevoir deux fois par mois la *Réforme sociale, bulletin* de la *Société* et des *Unions*. Les *membres titulaires* concourent plus intimement aux travaux qui servent de base à la doctrine des *Unions* ; ils payent, outre la cotisation annuelle, un droit d'entrée de 10 francs au moment de leur admission et reçoivent, en retour, pour une *valeur égale* d'ouvrages choisis dans la *Bibliothèque de la paix sociale* et livrés au prix de revient.

Pour être admis dans les *Unions de la paix sociale*, il faut être présenté par un membre, ou adresser directement une demande d'admission au Secrétaire général, rue de Seine, 54, à Paris. — Les noms des membres nouvellement admis sont publiés dans la *Réforme sociale*.

COMITÉ DE DÉFENSE ET DE PROGRÈS SOCIAL

La *Réforme sociale* publie *in extenso* la plupart des conférences faites sous les auspices du *Comité de défense et de progrès social*. Chacune des conférences faites de 1895 à 1900 a été éditée, en vue de la propagande, en une brochure in-18 au prix de Cinq centimes. (Envoi *franco* à partir de 10 exemplaires.)

LES « SALVETATS »

AU MOYEN AGE

PAR

M. L'ABBÉ F. GALABERT

CURÉ D'AUCAMVILLE (TARN-ET-GARONNE)

Extrait de *LA RÉFORME SOCIALE*

(1ᵉʳ Octobre 1903)

PARIS

AU SECRÉTARIAT DE LA SOCIÉTÉ D'ÉCONOMIE SOCIALE

54, RUE DE SEINE, PARIS (VIᵉ)

—

1903

LES « SALVETATS » AU MOYEN AGE

La création des salvetats a précédé de deux siècles celle des bastides ; ces deux institutions parallèles eurent pour but d'appeler ou de maintenir les populations sur un territoire déterminé. Au x⁰ siècle, un grand nombre de serfs n'étaient pas attachés à la glèbe, mais les voleurs de grand chemin, ou plutôt les barons pillards, leur enlevaient le bétail et les emmenaient eux-mêmes ; de là, les champs en friche et les campagnes dépeuplées.

Quand les excès du brigandage eurent ouvert les yeux aux seigneurs, quand ils virent leurs terres sans culture et leurs serfs réduits à la misère ou traînés en captivité, ils se résolurent à prendre des moyens énergiques de protection : la Trêve de Dieu fut un de ces moyens, la création de lieux de refuge ou salvetats en fut un autre.

Appelés dans le midi *villes neuves, salvetats, sauveterres, salvitas, salvaterra, salvamentum*, ces lieux reçurent au nord de la Loire le nom de *fertés :* la Ferté-sous-Jouarre, la Ferté-Milon, *Firmitas sub Jotro, Firmitas Milonis ;* au delà des Pyrénées, on les appela *populationes* ou *nove populationes*. Ces noms différents accusent au Nord et au Midi un état social identique ; en Espagne, ils rappellent de plus la lutte ardente contre les Maures.

On peut définir les salvetats des enceintes délimitées par des croix, et où, à l'ombre des églises, les paysans trouvaient un asile sûr, et étaient à l'abri des incursions.

Les habitants n'y avaient à craindre ni insulte, ni vol, ni attentat quelconque, ainsi que le déclare la charte accordée par le duc d'Aquitaine, Guy Geoffroy à l'abbaye de la Grande-Sauve : *Nullus sit qui quemquam insectari non cædere, non aliquid tollere, nullamve injuriam omnino inferre præsumat, sed totum hoc allodium sit quasi una eclesia, unum miseris asilum, oppressis refugium, et quicumque in eo fuerit, ab omni prorsus carnali inimico securus sit* (1).

L'espace déterminé par les croix formait un asile saint où tous homicides, voleurs et malfaiteurs, étaient réputés sacrilèges et par

(1) *Histoire de la Grande-Sauve.* t. I, Preuves, p. 494.

conséquent excommuniés, tant qu'ils n'avaient pas réparé leurs crimes. Ainsi le déclare le pape Calixte II, dans la bulle donnée à Marmoutiers, en 1119, en faveur de la fondation faite par Robert d'Arbrissel :

Ea insuper immunitate præfatum cœnobium ex apostolicæ sedis benignitate donavimus, ut omne illud spatium quod cruces in circuitu, ex præcepto nostro dispositæ comprehendunt, exterius quietum deinceps inviolatumque permaneat; quatenus quicumque hominum in eo aut occiderit, aut læserit vel prædam fecerit, vel grave aliquod forisfactum commiserit, donec satisfaciat, reus sacrilegii habeatur (1).

Quelques-unes de ces fondations portent expressément mentionnée, contre les violateurs de salvetat, la peine d'excommunication, tandis que les autres l'ont sous-entendue.

En 1040, Arnaud-Guillaume, vicomte, et Arnaud donnèrent à l'abbaye Saint-Sernin de Toulouse, l'église Sainte-Marie de Landaror, en Angoumois, pour y établir une salvetat avec l'approbation des évêques ; ils appelèrent l'excommunication sur la tête de ceux qui la violeraient, et ils menacèrent du sort de Dathan, d'Abiron et du traître Judas, ceux qui, de quelque manière que ce soit, léseraient les intérêts des habitants : *Cum ipsius predicti martiris Saturnini patrocinio et subter scriptorum episcoporum adjutorio, ibi salvitatem facimus, et securitatem stabilimus. Quod si aliquis ipsam salvitatem frangerit, violaverit, inquietaverit, aut leserit, nisi resipuerit et se castigaverit et emendaverit, et sancto Saturnino dignam satisfactionem non fecerit, excommunicationi superpositorum episcoporum et clericorum totius ordinis subjacebit, et cum Datan et Abiron et Juda, traditoris Domini, in Inferno particeps erit* (2).

A une époque où les passions étaient très vives, mais où la foi ne l'était pas moins, ces menaces qui, du reste, n'étaient pas vaines, obtinrent leur effet, et une paix relative régna, grâce aux nombreuses salvetats fondées sur notre sol.

Les salvetats ne conférèrent pas à leurs habitants d'autres privilèges ; les réfugiés n'y obtinrent pas, ou mieux, ils ne réclamèrent pas les libertés municipales ; ils ne cherchaient que la sécurité ; néanmoins en certains lieux les *aubains* ou nouveaux arrivants obtinrent leur liberté ; ainsi à Montauban en 1144, à Saint-Nicolas de la Grave en 1132.

(1) *Gallia christiana*, t. II, p. 1315.
(2) C. Douais. *Cartulaire de Saint-Sernin de Toulouse*, n° 232.

Si quelques seigneurs laïques créèrent des salvetats, c'est surtout les abbayes qui eurent recours à ce moyen pour protéger leurs
colons ; les Templiers eux-mêmes et les Hospitaliers n'eurent
garde de négliger ce mode de peuplement pour mettre en culture
leurs domaines, qui se composaient de terres généralement peu
fertiles. Ainsi, en 1121, les religieux de Saint-Jean de Jérusalem
acceptèrent, à Nohic, un territoire *ad salvitatem Dei faciendam* (1) ; il
en fut de même à Orgueil, pour y faire *una salvetat de Diou* (2) ;
à Toulvieu, en 1134, les Templiers fondèrent le village de la
Ville Dieu (3).

En 1122, Arnaud-Raymond Borrel donna, aux moines de
Saint-Sacerdos à Sarlat, l'alleu de Craffinas et les deux églises de
Saint-Simplicien et de Pleus, à condition que l'on délimiterait le
terrain par des croix et qu'on y élèverait une église. Telle fut l'origine du village de Saint-Sardos (Tarn-et-Garonne) (4).

Il serait aussi fastidieux qu'inutile d'énumérer les très nombreuses fondations qui méritèrent le titre de salvetats ou qui en
portent encore quelquefois le nom, suivi d'un qualificatif ou dis-
tinctif. Notre travail ne portera que sur des salvetats des deux pro-
vinces de Guyenne et de Languedoc ; nous y ajouterons Montauban qui tient le milieu entre les salvetats et les bastides.

Cette ville doit son origine ou son déplacement, moins à une
querelle des habitants avec les moines de Saint-Théodard ou Mon-
tauriol, qu'au désir des habitants de s'établir dans un site plus
apte au commerce, *ad hoc ut esset* (*villa*) *in tutiore et meliore loco* (5).
On ne saurait la ranger parmi les bastides, attendu que le déplacement de la ville et de ses habitants n'amena pas l'acquisition de
privilèges municipaux ; ce furent les prud'hommes qui continuèrent
à gouverner. C'est seulement en 1195, quand l'ère des salvetats
était passée, que Raymond VI, comte de Toulouse, portant à dix
les membres du chapitre communal ou *capitol*, admit l'élément

(1) Arch. de la Haute-Garonne, fonds de Malte, commanderie de Fronton.
(2) *Idem.*
(3) Arch. de Montauban. Cartulaire P. de Saint-Théodard et Arch. de Tarn-
et-Garonne, *Cartulaire Devals.* Quelques années auparavant, le 27 octobre 1136,
les Hospitaliers avaient fondé à La Cavalerie (Ariège), une salvetat qu'ils avaient
appelée *Villa-Dei* (*Hist. de Lang.*, éd. Privat, V, c. 1020). L'évêque de Toulouse
y posa lui-même les croix et les hommes furent libres d'aller et venir à leur gré.
(4) Arch. de Tarn-et-Garonne, *Chap. de Moissac*, G 697.
(5) Ainsi le déclarèrent les consuls de 1321. Cf. Arch. nat. J. 304, 95, cité dans
Devals, *Étud. hist. et arch.* sur le département de Tarn-et-Garonne, 134, note

démocratique au partage de la magistrature urbaine, sans déterminer quelle serait la proportion des prud'hommes et des hommes du commun : *A Montalba deu aver capitol X proshomes de la vila o d'aqui en jos, aitant quant li proshomes s'acordo nil communals de la vila* (1).

Cette exception une fois admise, nous verrons, par les chartes des salvetats, comment se fondèrent ces divers lieux d'asile, et nous retrouverons à peu près dans chacune d'elles les mêmes formalités et conditions.

L'Eglise eut une part prépondérante dans le mouvement qui amena la fondation des salvetats.

Le 5 décembre 1132, Armand, archevêque de Narbonne, consacrant l'église Saint-Martin de Creissant, établit tout autour une limite dans laquelle tout vol et crime fut interdit, sous peine d'excommunication (2).

Vers 1080, en février, Amels, chevalier, avait donné à Pons, abbé de Lézat, l'église de Saint-Cyr, à condition de la faire consacrer par l'évêque et d'y établir un asile (3). Les deux exemples ci-dessus semblent établir que, pour rendre le refuge plus respectable, on s'efforçait d'obtenir la consécration ou dédicace de l'église.

Dans le service des églises de salvetats, les moines furent préférés au clergé séculier, sans doute à cause de leurs vertus éminentes.

Au mois d'octobre 1075, dans un plaid entre Pons, abbé de Lézat, et ses voisins, en présence des notables du pays, on abandonna au monastère l'église Saint-Pierre de Padern, avec ses ornements sacerdotaux et ses dépendances, pour y établir une salvetat et y installer des moines comme desservants (4).

Ce furent des moines de Moissac qui, nous le verrons plus loin, desservirent les églises des salvetats de *Siuray* et de *Saint-Nicolas*.

En 1105, Hugues, chapelain-cardinal de Saint-Jacques de Compostelle, donna à l'abbé de Lézat la salvetat Saint-Jacques à *Quincianum*, au bord de la Garonne, moyennant un cens annuel de

(1) Devals. *Hist. de Montauban*, pièces justificatives.
(2) *Hist. de Lang.*, éd. Privat, V, c, 1562.
(3) *Idem*, id., c. 1755.
(4) *Idem*, id., V. c. 1753.

15 sous toulousains et la procuration au vicaire de Saint-Jacques de Compostelle, quand il viendrait dans le pays (1).

Il est vrai que quelquefois les seigneurs, même en donnant les églises, se réservaient le droit d'établir des salvetats et l'interdisaient aux moines ; ainsi, vers 1065, en novembre, Guillaume et sa famille donnèrent à l'abbaye de Conques, l'église Saint-Christophe de Lavaur, à condition que les moines n'y feraient pas un asile (2) ; mais ce cas dût être rare et nous n'en avons pas rencontré d'autres.

Mais alors même que les salvetats étaient de fondation toute laïque, le clergé régulier y inspirait ou dirigeait les fondateurs. Ainsi, en 1113, Hector et Pons de Cambolas et Folcas déclarèrent que, à moins de crime commis, ils ne prendraient rien à personne dans les limites du territoire marqué par des croix à Prades, en Rouergue, et qu'ils n'agiraient judiciairement que sur plainte réitérée de l'abbé de Conques ou du prieur du lieu... *Home ni femena de las crodes enins non y prendren ni ly feren..., ni far nou lo faren ni deforas las crous home ni femena* (3).

L'église de *Croilo*, située sans doute au nord-est de Toulouse, fut donnée, au XIIe siècle, à l'abbaye de Saint-Sernin de Toulouse, pour y établir une salvetat dans l'enceinte des croix : *ubi villa et salvitas erit quantum infra cruces clauditur*. Avec un arpent de vigne, les dîmes et le terrain de deux paires de labourage, les bienfaiteurs donnèrent encore les droits de pâturage pour les porcs, ainsi que les bois nécessaires à la construction de l'église et des cellules des chanoines. La salvetat resta-t-elle ouverte à toute incursion, contrairement à ce qui avait lieu partout ailleurs ? C'est peu probable, car bien que les donateurs et leurs hommes se fussent engagés à ne pas élever de fortifications, ils ajoutent cette restriction qu'ils ne le feront pas sans le consentement exprès des chanoines, au même titre que les hommes acasalés ou colons qui prenaient un engagement d'un an (4).

Donaverunt etiam omnes boscos ad faciendum ecclesiam et mansionem canonicorum et ad opera ipsorum, et ad pascua porcorum suorum in omni tempore. Tali conveniensiâ ut nunquam faciant in salvitate ipsi vel

(1) *Hist. de Lang.*, éd. Privat, V, c. 1763.
(2) *Idem*, id., c. 1538.
(3) Baron de Gaujal. *Etud. hist. sur le Rouergue*, I, 274.
(4) *Et habet homines acasalads in ipsâ terra, per unumquemque annum, ut faciant servitium (Cartulaire, déjà cité, n° 128).*

homines sui aliquam forciam contra voluntatem canonicorum; et si ipsi vel homines sui casales in salvitate habuerint, simili modo serviant canonici sicut alii homines (1).

En 1122, les chanoines de Saint-Sérnin reçurent ou avaient déjà reçu l'église de Montberon pour y édifier une salvetat. Les bienfaiteurs en donnant les bois, les eaux, les pâturages... *et boscum et expletam, aquas, pascua*, se réservèrent *in salvetate et in villa de Montbero et de Agazag* la viguerie et 4 d. de justice pendant leur vie (2).

En 1124, les mêmes chanoines reçurent la seigneurie de Justaret pour y fonder aussi une salvetat, *ut in loco illo salvitatem faciant et teneant;* ils y reçurent la permission d'exploiter les bois pour faire la clôture de la ville ; ils eurent aussi les droits de four, de dépaissance et de justice. Les donateurs ne se réservèrent que la connaissance des faits criminels et une maison. Prévoyant que la salvetat pourrait ne pas prospérer, ils voulurent cependant que la donation fût valable tant que l'église subsisterait et qu'un chapelain la desservirait (3); la fondation mit du temps, en effet, à se développer, et en septembre 1156 et en juillet 1158 elle avait encore besoin des donations d'autres seigneurs (4).

C'est également aux environs de Toulouse que, entre 1080 et 1098, le prieur de Saint-Sernin avec quelques bourgeois résolurent de fonder, à *Matepesoul*, une salvetat dont les revenus alimenteraient l'hôpital Saint-Raymond. L'évêque Isarn et le comte Guillaume applaudirent à ce dessein, et même ce dernier stipula une amende de 500 sous contre ceux qui enfreindraient la salvetat : *Laudaverunt et firmaverunt modis omnibus hanc salvitatem, ut omni tempore esset rata et firma et stabilis in perpetuum ad opus pauperum.* L'enceinte fut marquée par des croix au bord de l'Erz; tous les habitants eurent droit au bois de construction et de chauffage et au pâturage; l'amende de moindres délits s'élevait à 4 deniers, et l'effusion du sang était passible de 7 deniers (5); ils eurent le droit d'aller et venir, c'est-à-dire de quitter la salvetat à leur gré; ils étaient donc libres.

Cette fondation eut, comme la précédente, besoin de temps pour se développer, et encore au mois d'avril 1156 diverses personnes,

(1) C. Douais. *Cartulaire de Saint-Sernin de Toulouse*, appendice, nº 15.
(2) *Idem*, nº 60.
(3) *Idem*, nº 532.
(4) *Idem*, nºˢ 533, 534.
(5) *Idem*, nº 548.

pour la favoriser, abandonnaient leurs droits sur la garde du bétail (1).

Après une existence précaire ces deux dernières salvetats disparurent; il n'en reste plus que le nom.

Les seigneurs de Nohic qui, au mois d'octobre 1120, donnèrent l'église avec ses dîmes, fief et prémices aux Hospitaliers, déterminèrent les limites de la nouvelle salvetat avec la précision suivante : *sicut fons de Novigo est et sicut via vetera vadit ad pontem Vaure* (2).

C'est autour d'une église dédiée à saint Saturnin que Armand, Adhémar et Pons, vicomtes de Bruniquel, donnèrent, en 1074, le terrain nécessaire pour créer une nouvelle ville, à Siurag; les moines de Moissac y bâtirent une église à beau chevet roman qui existe encore, et ils délimitèrent l'espace en présence de nombreux témoins.

L'église fut dotée par les vicomtes et reçut d'eux un cimetière, un fief presbytéral nécessaire à l'entretien des moines, chargés du service paroissial, la dîme et un mas en alleu; les religieux obligés, de par leur règle, à pratiquer l'abstinence, obtinrent le pouvoir de pêcher dans l'Aveyron tout le poisson qui leur serait nécessaire.

Les vicomtes donnèrent aux habitants tout le bois nécessaire pour le chauffage et pour la construction de leurs maisons; en effet, la plupart des maisons étaient encore en colombage, même dans l'intérieur des villes; lorsque, au vi^e siècle, Brunehaut, la fille des puissants rois visigoths, eût bâti, à Bruniquel, son séjour préféré, une maison de pierre, ce luxe étonna le monde et l'étonnait encore au temps du chroniqueur Aimoin (3). Quant aux maisons isolées dans la campagne, c'étaient de simples cabanes couvertes de branchages, qui servaient à retirer les troupeaux (4). Les églises elles-mêmes, dans la campagne du moins, étaient souvent bâties avec une grande simplicité de matériaux, c'est-à-dire avec du bois et de la terre : ... *habeat que ibi, quamdiu voluerit, ecclesiam ejusdem quantitatis terream et ligneam* (5) (février 1143).

(1) C. Douais, *Cartulaire de Saint-Sernin*, n°s 558, 562, 587.
(2) Arch. de la Haute-Garonne, fonds de Malte, commanderie de Fronton.
(3) *Usque hodie ostenditur domus lapidea Brunichildis* (Grég. de Tours, *Hist. Franç.*)
(4) Ed. Cabié, *Chartes de la Gascogne toulousaine*, voir celles de Thil, Bretz, et bien d'autres.
(5) *Cartulaire*, déjà cité, n° 71. Au n° 519 on voit une donation : *ad edificationem monasterii quantum ibi opus fuerit ex ligno*.

Les vicomtes promirent de ne rien prendre de force aux habitants, ils instituèrent des marchés, et ils promirent de n'emprisonner personne sans avoir pris l'avis de l'abbé de Moissac ou du prieur du lieu. Ces promesses furent peut-être plus d'une fois violées, elles n'en témoignent pas moins de l'ascendant des moines, ascendant dont bénéficièrent les faibles et les petits.

On voit au bas de cet acte la signature, je veux dire l'approbation des divers membres de la famille des vicomtes; la propriété était alors familiale, et pour qu'une donation fût valable, il était nécessaire qu'elle fût consentie par tous les ayants droit (1).

Au mois de mars 1084, Pons Garsia, ses parents et d'autres coseigneurs donnèrent à l'abbaye de Lézat deux églises, dont celle de Bérat; au lieu de *Coq-Morta*, ils élevèrent une nouvelle église, pour être le centre d'une salvetat comprenant le territoire des deux paroisses : *cunctis habitantibus ibi et confugientibus tuicionem esse et perhennem salvetatem* (2). Les hommes accourus du voisinage trouvèrent leur refuge dans l'enceinte de quatre croix, et ils eurent la jouissance des pâturages, des bois et des eaux; tous jurèrent devant Dieu et saint Pierre, patron du monastère, de respecter les biens des réfugiés, et tous, soit qu'ils vinssent d'ailleurs pour s'y acasaler au compte des moines, soit qu'ils fussent les hommes des bienfaiteurs, s'engagèrent à payer leurs cens et la justice à leurs seigneurs respectifs, après avoir payé les droits à l'église. *Homines vero... censu et justitia casalis sui et ea que ad jus ecclesie pertinent reddito, eorum erunt de quorum successione processerunt.* Les serfs payaient donc une redevance annuelle à l'église, en retour de la protection qu'elle leur valait.

Il est vrai que le montant de la redevance ne nous est pas connu; nous savons que les serfs payaient aux moines deux deniers seulement pour la justice, et la même somme pour chaque domaine qu'ils cultivaient : *si placitum acciderit in presentia monachi, II⁰ˢ solummodo dent pro justitia denarios, tantumdem videlicet quantum pro unoquoque casale dederint censum.*

Au mois de mars 1155, Pierre de Bessens, fils de Guillaume-Arnaud d'Aucamville, appela en paréage Armand de Verdun; il lui

---

(1) *Hist. de Lang.*; V, col. 604. La salvetat de Siurag, que les nouveaux historiens de Languedoc ont identifié avec Cieurac (Lot), à tort puisqu'il y est question du voisinage de l'Aveyron, a perdu son nom depuis longtemps; c'est aujourd'hui Saint-Maffre.

(2) *Idem*, c. 684.

donna la moitié de sa ville de *Bosavilla*, avec tous ses hommes et son domaine, sauf ses hommes propres qui quitteraient ses autres seigneuries pour aller y habiter ; en retour, il le chargea d'y bâtir un château avec un bon fossé et une forte palissade, capable de résister à une armée. Les coseigneurs convinrent de fournir ensemble la garde du château et de l'entretenir à frais communs ; mais, en cas de destruction, Armand était seul chargé de le reconstruire (1).

Le château ou *castellum*, s'il fut jamais construit, s'éleva sur un petit promontoire, au confluent des deux ruisseaux du Marguestaud et du Merdans ; et, dans la plaine où la pierre fait défaut, il fut fait probablement en bois. Quant aux pals, *castellum cum obtimo vallo... et cum palenco*, durcis au feu, inclinés au bord du fossé, du côté de l'escarpe, ils rendaient l'escalade impossible, pour peu que l'enceinte comptât de défenseurs.

Ces fossés profonds, ces frises de poteaux hérissés et serrés nous représentent les *præsidia* et les mottes féodales qu'on a souvent attribués aux Romains, en surfaisant leur antiquité. Maintenant que les pals ont pourri depuis longtemps, que les terres ont glissé en comblant les fossés, nous nous faisons difficilement une idée de ce genre de fortifications ; il faut voir dans les hautes futaies de la Grésigne, la motte désignée sous le nom de Tour Saint-Clément, pour s'en bien rendre compte.

Pas plus que Cog-Morta, Bosavilla ne semble avoir prospéré ; il n'en reste qu'une église isolée sous le nom de Notre-Dame de Boiville. Ses fondateurs firent don à l'abbaye de Grandselve de leur possession, Armand par son testament de juillet 1163, Pierre de Bessens et sa famille deux mois après (2).

Toutes les salvetats n'eurent pas des défenses aussi sérieuses que celles de Bosavilla. A celle qui fut établie près de Béziers, Guillaume-Jourdain dut diminuer la profondeur des fossés ou la hauteur des épaulements, de façon à constituer une défense passagère, suffisante pour que les habitants ne fussent pas à la merci des brigands, mais pas assez forte pour arrêter une armée. Le suzerain avait intérêt, en effet, que son vassal ne pût tenir contre lui ; c'est pour cela que Roger de Béziers exigea la démolition ci-dessus vers 1144 (3).

(1) Collection Doat, v. 76, fᵒ 68 et Rumeau, *Inventaire de Grenade-sur-Garonne*, appendice.
(2) Collection Doat, v. 76, fᵒ 68.
(3) *Hist. de Lang.*, v. c. 1063,

Pons de Bruyères, Bertrand de Vilamur et leurs fils, avec d'autres seigneurs, avaient à diverses reprises usurpé les dîmes de l'abbaye Saint-Sernin au territoire de Grisolles; ils s'étaient emparé des églises et des serfs; excommuniés par Boson, cardinal du titre de Saint-Anastase, ils avaient restitué pour retomber encore dans les mêmes rapines (1). Fatigué de ces violences qui appauvrissaient le monastère et de cette insécurité qui faisait fuir les colons, Ugon, abbé, avec Raymond, comte de Toulouse, appela en paréage Armand de Verdun et son frère Arnaud Gausbert. C'était un moyen habile d'intéresser à la défense des serfs les barons qui les avaient peut-être pillés.

L'abbé leur céda la moitié du revenu des fours, des oublies, de la justice, sauf celle de ses hommes propres. Il garda sa forge, mais les nouveau-venus purent à leur gré en établir d'autres. Chacun des coseigneurs put bâtir à son gré dans l'enceinte du castellum. L'abbé retint aussi les dîmes, le fief presbytéral, les prémices situés en dehors des fossés, *foris vallum*. L'église fortifiée, dernier réduit en cas d'attaque, resta la propriété commune des coseigneurs, et ils s'engagèrent à en faire la garde à frais communs, *excepta forcia ecclesie in qua comes et abas et... teneant suas custodias per medietatem* (2).

Cet accord eut lieu en 1155 en présence de Raymond, évêque de Toulouse, et d'autres personnages.

Là, comme ailleurs où le fait n'est pas toujours mentionné, il y eut un porcher communal, chargé de tout le bétail des colons; seulement ici il fut stipulé que le colon qui aurait cent porcs, chèvres ou brebis, serait obligé d'avoir un gardien particulier.

En 1135, les moines de Moissac résolurent d'établir une ville à Saint-Nicolas de la Grave, afin d'y recueillir et d'y protéger les colons; ceux-ci en mettant les pieds dans l'enceinte étaient libres, *libera villa intra clausuram* (3). Saxet, vicomte de Lomagne et d'Auvillars, consentit moyennant certains droits, à les défendre contre toute incursion; il en fit la promesse sur les autels, et les colons pareillement lui jurèrent fidélité.

La ville s'éleva auprès du confluent du Tarn et de la Garonne, sur l'escarpement naturel que forme la seconde terrasse de la

---

(1) C. Douais, *Cartulaire* déjà cité, n° 283.
(2) *Cartulaire*, déjà cité, n°ˢ 266, 267, etc.
(3) C. Douais, *Cartulaire...*, n° 106.

plaine; un château y fut bâti. De celui de Grisolles, dont la tour imposante signalait au loin la ville, et qui ne fut démoli qu'en 1787, nous ne savons rien; celui de Saint-Nicolas existe encore, et il a peut-être des soubassements qui remontent aux origines de la salvetat; une partie des bâtiments a vu Aymeri de Peyrac, abbé de Moissac, y écrire sa fameuse chronique en 1377.

Là, comme à Grisolles, la redevance due par les laboureurs fut proportionnelle au nombre des animaux, mais les sergents du vicomte, chargés de la perception, ne pouvaient y employer plus de huit jours, et pour éviter que les colons ne fussent grugés, le moine devait nourrir les percepteurs. Comme à Grisolles il y eut un porcher communal, et de plus un vacher. Si le vicomte avait à se plaindre, ni lui, ni ses agents ne pouvaient se rendre justice, mais ils devaient porter plainte au moine.

Comme à Siurag, les habitants eurent le droit de tester, et de donner aux églises. On exigea comme garantie de chaque testament l'avis du chapelain et de trois hommes de la ville, *sepulturam mortuorum secundum voluntatem et secundum ordinationem ipsorum morientium et per consilium capellani et trium hominum ejusdem ville;* la décrétale qu'allait édicter le pape Alexandre III, quelques années plus tard, en 1179, reproduit ces dispositions presque dans les mêmes termes.

Enfin la justice doit y être administrée comme à Auvillar (1).

Au mois d'octobre 1111, Amelius, évêque de Toulouse, avec le consentement du seigneur de Castelmaurou et d'autres encore, donna aux moines de Conques une église que l'on construisait en l'honneur de sainte Foy, sur une colline et dans un territoire qu'il délimita lui-même par des croix : *sicut mons dividitur per cruces quas manibus nostris posuimus.* C'était pour en faire une sauveterre où nul chevalier, nul client, nul jongleur ne pourrait avoir d'habitation, et dont tous les cens, leudes, cautions, revenus des boucheries, droits du sel, appartiendraient aux moines : *ibi constituimus salvaterram in honore Dei et beate Fidis, tali pacto ut nullus miles, neque cliens, neque joculator habeant ibi domun ad habitandum.*

L'exclusion des chevaliers me paraît justifiée par le fait qu'ils ne pouvaient mettre la terre en culture, ce qui était le but poursuivi. Les fiefs dans la ville ne purent être vendus qu'avec la permission du prieur, ce qui constituait un progrès dans l'état social des

(1) Arch. de Tarn-et-Garonne, fonds de Moissac, série H.

colons, qui, auparavant, ne pouvaient pas vendre et étaient main-
mortables. Quant aux terres, vignes, jardins et maisons de ceux
qui mouraient sans enfants ou qui quittaient le lieu, elles fai-
saient retour à l'église. Et là encore la législation était en progrès,
puisque les biens passaient aux enfants.

Comme partout ailleurs les moines eurent le droit de four (1).

Sans doute l'institution des salvetats n'empêcha point que ces
asiles ne fussent quelquefois violés, comme cela arriva à *Annonas*,
près de l'abbaye du Mas-Grenier, où Forton-Guillaume, vicomte
de Verdun, en février 1015, saisit un homme du nom de Bernard ;
mais certainement plus d'un crime fut évité et la vie des serfs fut
sauvegardée ; et enfin cela donnait lieu à des réparations : *et
propter emendationem de salvetate quam infregi quando Bernardum ap-
prehendi* (2).

On a dit des bastides qu'un très petit nombre sont devenues des
villes ; sauf Libourne et Villefranche-de-Rouergue, les autres sont
restées de simples chefs-lieux de canton, même d'humbles vil-
lages, et quantité d'autres ont totalement disparu. Les salvetats
furent moins prospères encore, car bon nombre ont disparu, d'autres ont oublié leur nom générique de salvetats pour prendre le
nom du saint patron ; Siurag s'est appelé Saint-Maffre.

Il y eut dans les villes des salvetats d'un genre quelque peu
différent. A Toulouse, cette institution consistait en exemption
d'impôts pour les habitants qui vivaient près du Château Narbonnais, en dehors de l'enceinte ; les comtes de Toulouse s'attachè-
rent par des bienfaits cette population pour contre-balancer la
population urbaine qui tendait à leur échapper. Le territoire était,
là aussi, délimité par les croix (3). Au mois d'août 1115, Guillaume,
comte de Toulouse et de Poitiers, donna à l'abbé de Lézat un
emplacement en avant du Château Narbonnais, en accordant au
bourg qui s'y formait le droit d'asile, moyennant le payement
régulier du cens accoutumé, par les hommes qui viendraient y
habiter (4). Cette institution fut confirmée, le 5 janvier 1194, par
Raymond VI, comte de Toulouse (5).

Il y eut aussi une salvetat à Auvillar et encore à Verdun et à

(1) *Hist. de Lang.*, V, c. 821.
(2) *Ibid.*, V, c. 363.
(3) *Ibid.*, VII, 216.
(4) *Ibid.*, V, c. 1765.
(5) *Ibid.*, VIII, c. 419.

Moissac. Il y en eut à Bordeaux, dans les quartiers de Saint-André
et de Saint-Seurin, et ces faubourgs servaient encore d'asile au
xviie siècle ; à cette date, l'intendant Claude Boucher se vit obligé
de défendre aux habitants de recevoir aucun mendiant ni vaga-
bond (1).

Dans les salvetats, les seigneurs ecclésiastiques ou laïques instituèrent des marchés, nous l'avons vu à Siurag. Ces marchés se
tenaient ordinairement en dehors des agglomérations ; il y en avait
un sur la route de Baziège à Toulouse (2). En 1090, celui de Muret
dut être transféré dans la ville, à cause des incursions de Guillaume, comte de Toulouse (3).

A Aucamville, le marché du salé se tenait *al cami large*, dans un
endroit qui vient tout récemment d'être mis en culture, le 24 juin,
non loin de l'ancienne église Saint-Jean-Baptiste de Marguestaud ;
la tradition des vieillards nous dit que ce marché fut transporté au
Mas-Grenier où il a lieu maintenant ; dans l'intervalle, il se tenait
autour de la chapelle aujourd'hui détruite de Saint-Jean-Baptiste de
Quinsac, à l'issue des offices du pèlerinage. Je n'apprendrais rien
à personne, en disant que les marchés et foires doivent leur origine aux jours de fêtes patronales et se tenaient devant les
églises.

Et maintenant, si, de ces pages, nous essayons de dégager les
lois ou conditions qui présidèrent à la fondation des salvetats,
voici ce que nous trouvons.

L'espace délimité par des croix était véritable lieu d'asile, au
même titre que les églises ; les malfaiteurs restaient excommuniés
jusqu'à réparation de leurs méfaits.

Si les évêques intervinrent souvent dans la fondation ou l'approbation des salvetats, le rôle actif y fut surtout dévolu aux moines :
le plus souvent ils furent chargés du service des églises ; ils eurent
souvent droit de four et de justice ; mais, alors même que la justice
était due à divers seigneurs, il semble que l'appareil judiciaire
n'était mis en mouvement que si la plainte était prise en considéra-
tion par les moines, notamment à Prades et à Saint-Nicolas ; de

(1) Ducourneau, *Guienne monumentale*, *Hist. de Bordeaux*, 269.
(2) *Cartulaire de Saint-Sernin*, n° 134.
(3) *Hist. de Lang.*, V, c. 1758.

plus, à Cog-Morta le plaid devait avoir lieu en leur présence. Enfin, à Saint-Nicolas, les moines, soucieux du sort des réfugiés, stipulèrent, pour qu'ils ne fussent point opprimés par les sergents du vicomte, que la perception des droits ne dépasserait point la durée de huit jours, et ils s'engagèrent à nourrir les sergents durant la perception.

Les églises eurent un cimetière, les dîmes, les prémices, le fief presbytéral nécessaire à l'entretien des chapelains ; elles eurent aussi une redevance annuelle payée par les réfugiés, en retour de la protection dont ils bénéficiaient à son ombre.

Enfin, les réfugiés eurent droit au bois de chauffage, de construction et de clôture du fort; ils eurent encore droit au glandage et au pâturage, avec porchers communaux. Les uns étaient libres propriétaires, les autres acasalés, c'est-à-dire engagés pour un an à la culture d'un domaine; ils eurent le droit de disposer de leurs biens par testament à Saint-Nicolas, à Siurag et ailleurs ; ils pouvaient vendre leurs fiefs ou les transmettre à leurs enfants. Les seigneurs leur élevèrent, au milieu de l'enceinte, des châteaux où l'on montait la garde, et l'église, fortifiée elle aussi, était le réduit suprême en cas de défense.

Les salvetats créèrent un grand élan vers la culture des terres, elles multiplièrent les centres de population, et leurs chartes furent le point de départ des chartes de liberté du XIIIᵉ siècle.

Abbé F. GALABERT.

ÉCOLE DE LA PAIX SOCIALE

1re Section. Œuvres de Le Play, éditées à Tours par MM. A. MAME et fils

Les Ouvriers européens. 6 vol. in-8° (vendus séparément)............	39 fr.
La Réforme sociale en France. 7e édition. 3 vol. in-18	5 fr.
L'organisation du travail. 6e édition. 1 vol. in-18..................	2 fr.
L'organisation de la famille. 4e édition. 1 vol. in-18..............	2 fr.
La Paix sociale après les désastres de 1871. 1 brochure in-18.........	0 fr. 60
La Correspondance sociale. 9 brochures in-18.....................	2 fr.
La Constitution de l'Angleterre. 2 vol. in-18....................	4 fr.
La Réforme en Europe et le salut en France. 1 vol in-18.............	1 fr. 50
La Constitution essentielle de l'humanité. 2e édition. 1 vol. in-18...	2 fr.
La Question sociale au XIXe siècle. 1 brochure iu-18.................	0 fr. 30
L'Ecole de la paix sociale. 1 brochure in-18.....................	0 fr. 20

IIe Section. **Publications de la Société d'Économie sociale**

Les Ouvriers des deux mondes. 1re série, 5 vol. in-8°...............	80 fr.
2e série; ch. tome 15 fr., t. V, en cours; chaque monographie.	2 fr.
Instruction sur la méthode des monographies. Nouv. édit. 1 vol. in-8°..	2 fr.
Bulletin des séances de la Société d'Economie sociale. 1re série 9 vol. in-8°	68 fr.
La Réforme sociale. 1re série (1881-1885), 10 vol. in 8°..............	80 fr.
2e série (1886-1890), 3e série (1891-1895), chac., 80 fr. — 4e série, ch. vol.	7 fr.
Annuaires des Unions et de l'Economie sociale, 5 vol................	15 fr.
Exp. de 1867. Rapport sur les ateliers qui conservent la paix sociale. in-8°.	1 fr.
La Réforme sociale et le centenaire de la Révolution. Travaux du Congrès de 1889, avec une lettre-préface de M. Taine, et une introduction sur les principes de 1789, l'ancien régime et la Révolution. In-8° (en petit nombre).....................................	10 fr.
Les Unions de la paix sociale leur programme d'action et leur méthode d'enquête, par A. Delaire, secrétaire général des Unions. 6e édit. br. in-32	0 fr. 15

BIBLIOTHÈQUE ANNEXÉE

F. Le Play. Choix de ses œuvres avec une biographie par M. Auburtin et un portrait 1 vol. in-16, cart. LXXIV - 251 pages..............	1 fr. 75
Ch. de Ribbe. Les Familles et la Société en France avant la Révolution d'après des documents originaux : 4e édition, 2 vol. in-12. 4 fr. — La Vie domestique, ses modèles et ses règles. 2 vol. in-12. 6 fr. — Une famille au XVIe siècle. 1 vol. in-12. 2 fr. — Le Livre de Famille. 1 vol. in-12. 2fr. — Le Play d'après sa correspondance. 1 vol. in-18. Pour les membres, 1 fr. 60; pour le public....................	3 fr. 50
Claudio Jannet. Les Etats-Unis contemporains, avec une lettre de M. F. Le Play: 4e édit., 2 vol. in-12. 8 fr. — Le Code civil et les réformes indispensables à la liberté des familles. 1 br. in-18. 0 fr. 30. — Le socialisme d'Etat et la réforme sociale, 2e édit. 1 vol. in-8°, 7 fr. 50. — Le Capital, la Finance et la Spéculation. 1 vol. in-8°, 8 fr. — Les grandes époques de l'histoire économique, 1 vol. in-12 (pour les membres, 2 fr. 80).....................................	3 fr. 50
Jules Michel. Manuel d'économie politique et sociale, 1 vol. in-12......	2 fr.
Comte de Butenval. Les lois de succession appréciées dans leurs effets économiques par les Chambres de commerce de France. 4e édit. in-18.	0 fr. 60
Jh Ferrand. Les Pays libres, leur organisation et leur éducation d'après la législation comparée. Ouvrage couronné par l'Institut. 1 vol. in-18.	3 fr. 50
— Les Institutions administratives en France et à l'étranger, 1 vol. in-18.	6 fr. »
Léon Lefébure. Le Devoir social. 1 vol in-12....................	3 fr.
G. Picot, de l'Institut. Un Devoir social et les logements ouvriers. in-18.	1 fr.
Comte de Bousies. Les lois successorales dans la société contemporaine. 1 vol. in-8°, 2 fr. 50. — Le Collectivisme et ses conséquences.	2 fr. 50
P. du Maroussem. La Question ouvrière: 4 vol. in-8° avec trois préfaces de M. Funck-Brentano. — I. Les Charpentiers de Paris; II. Ebénistes du faubourg Saint-Antoine; III. Le jouet parisien; IV. Les Halles.	
— Ch. vol.	6 fr.
A. Coste. Alcoolisme et Epargne, 2e édition, in-32..................	0 fr. 50

LA REFORME SOCIALE

REVUE BI-MENSUELLE FONDÉE PAR F. LE PLAY EN 1881

Avec la collaboration de MM. PAUL ALLARD — J. ANGOT DES ROTOURS — F. AUBURTIN — ALBERT BABEAU — PAUL BAUGAS — H. BEAUNE — BÉRENGER — A. BÉCHAUX — G. BLONDEL — BOGISIC — BOYENVAL — V. BRANTS — F. BRUNETIÈRE — J. CAZAJEUX — E. CHEYSSON — A. DES CILLEULS — A. DELAIRE — CH. DEJACE — ERNEST DUBOIS — E. DUTHOIT — F. ET P. ESCARD — ETCHEVERRY — G. FAGNIEZ — FOURNIER DE FLAIX — FUNCK-BRENTANO — A. GIGOT — GLASSON — LOUIS GUIBERT — GRUNER — URBAIN GUÉRIN — HUBERT-VALLEROUX — J. IMBART DE LA TOUR — HENRI JOLY — ARMAND JULIN — CLÉMENT JUSLAR — LAGASSE — RENÉ LAVOLLEE — LÉON LEFÉBURE — ALBERT LE PLAY — ANATOLE LEROY-BEAULIEU — PAUL LEROY-BEAULIEU — E. LEVASSEUR — RAPHAEL-GEORGES LÉVY — PAUL DE LOYNES — DE LUÇAY — DU MAROUSSEM — A. MOIREAU — G. PICOT — O. PYFFEROEN — A. RAFFALOVICH — J. RAMBAUD — LOUIS RIVIÈRE — EUGÈNE ROSTAND — SANTANGELO SPOTO — RENÉ STOURM — VICTOR TURQUAN — MAURICE VANLAER — ETC., ETC.

La Réforme sociale étudie les problèmes économiques et sociaux qui tiennent aujourd'hui le premier rang dans les préoccupations de l'opinion publique. Elle en-demande la solution à l'observation des faits et à la pratique des lois-morales, selon la méthode de F. Le Play, en dehors de tout esprit de parti et de toute théorie préconçue. Elle préconise tout un ensemble de réformes dont le cours des événements démontre de plus en plus l'urgente nécessité, et auxquelles se rallient chaque jour les esprits les plus éminents. Grâce à la sympathie grandissante que lui a témoignée le public éclairé, elle a pu, en commençant sa 3ᵉ série, prendre des développements considérables.

La Réforme sociale paraît le 1ᵉʳ et le 16 de chaque mois par fascicule in 8º de 80 pages, et forme par an deux forts volumes de 900 à 1000 pages chacun, complétés par des tables analytiques.

Une bibliographie méthodique analyse, au point de vue social, tous les recueils périodiques importants de la France et de l'étranger, ainsi que les publications nouvelles. Par cette innovation *la Réforme sociale* est devenue le guide le plus utile pour ceux que leur profession ou leurs études obligent à être rapidement et sûrement renseignés sur le mouvement social contemporain.

Conditions d'abonnement. — France : un an, **20** fr. ; six mois, **11** fr. — Union postale : un an, **25** fr. ; six mois, **14** fr. — En dehors de l'Union postale, port en plus.

Les membres des Unions de la Paix sociale reçoivent la *Réforme sociale* au prix réduit de **15** fr. (v. la notice sur les Unions).

Bureaux : Rue de Seine, 54.

LES OUVRIERS DES DEUX MONDES

TROISIÈME SÉRIE — Tome Iᵉʳ. — Prix : 15 francs.

Dernières monographies parues : *Fileur du Val-des-Bois; Métayers de la Romagne; Mineurs et agriculteurs du Pas-de-Calais; Serrurier de Paris; l'iqueur de la mine aux mineurs; Petit fonctionnaire de Pnom-Penh; Coolie du Cambodge; Métayer du Bas-Limousin; Fermier normand de Jersey; Papeteries du Limousin; Aveugle accordeur de Pianos; Pêcheur de l'Ile de Chusan (Chine); Bouilleur de crû de Cognac; Mineur du Borinage; Fellah de Karnak, Tisserand de Munchen-Gladbach,* etc.

Des fascicules supplémentaires sont consacrés a des monographies d'ateliers manufacturiers ou agricoles.

Il paraît un fascicule tous les trois mois. Prix : **2** fr. En souscription : **1** fr. **50**.

PARIS. — IMPRIMERIE F. LEVÉ, RUE CASSETTE, 17.